Scènes de campagne, scènes du Quercy

Pièce de théâtre en onze tableaux avec six hommes et quatre femmes, distribution minimale 3H2F

Du même auteur*
Certaines œuvres sont connues sous différents titres.

Romans

Le Roman de la Révolution Numérique
La Faute à Souchon : (Le roman du show-biz et de la sagesse)
Quand les familles sans toit sont entrées dans les maisons fermées
Liberté j'ignorais tant de Toi (Libertés d'avant l'an 2000)
Viré, viré, viré, même viré du Rmi !
Ils ne sont pas intervenus (Peut-être un roman autobiographique)

Théâtre

Neuf femmes et la star
Les secrets de maître Pierre, notaire de campagne
Ça magouille aux assurances
Chanteur, écrivain : même cirque
Deux sœurs et un contrôle fiscal
Amour, sud et chansons
Pourquoi est-il venu :
Aventures d'écrivains régionaux
Avant les élections présidentielles
Scènes de campagne, scènes du Quercy
Blaise Pascal serait webmaster
Trois femmes et un Amour
J'avais 25 ans
« Révélations » sur « les apparitions d'Astaffort » Brel Cabrel

Théâtre pour troupes d'enfants

La fille aux 200 doudous
Les filles en profitent
Révélations sur la disparition du père Noël
Le lion l'autruche et le renard,
Mertilou prépare l'été
Nous n'irons plus au restaurant

* extrait du catalogue, voir page 92

Stéphane Ternoise

Scènes de campagne, scènes du Quercy

Pièce de théâtre en onze tableaux avec six hommes et quatre femmes, distribution minimale 3H2F

Sortie numérique : 27 décembre 2012

**Edition revue et actualisée en avril 2014.
Disponible en numérique et en papier.**

Jean-Luc Petit éditeur / Collection Théâtre

Stéphane Ternoise versant dramaturge :

http://www.dramaturge.fr

Tout simplement et logiquement !

Tous droits de traduction, de reproduction, d'utilisation, d'interprétation et d'adaptation réservés pour tous pays, pour toutes planètes, pour tous univers.

Site officiel : http://www.ecrivain.pro

© Jean-Luc PETIT - BP 17 - 46800 Montcuq – France

Stéphane Ternoise

Scènes de campagne, scènes du Quercy

Pièce de théâtre en onze tableaux avec six hommes et quatre femmes, distribution minimale 3H2F

Un texte à jouer mais surtout à lire pour la qualité de ses dialogues, la compréhension d'une région, d'un pays.

http://www.campagne.pro et http://www.quercy.pro vous proposent :
Scènes de campagne, scènes du Quercy
Une pièce de théâtre en onze tableaux avec six hommes et quatre femmes.

Distribution minimale conseillée par l'auteur : trois comédiens et deux comédiennes.

Le texte est néanmoins jouable par deux hommes et une femme, avec une extrême dextérité des acteurs.

D'abord un vieux couple devant leur gîte rural.

La femme redoute le projet de ligne à Très Haute Tension, l'homme reprend les arguments du notaire.

C'est devant ce même gîte qu'une vacancière s'exclamera "Avant, il était possible de vivre vraiment, en France. Tu travaillais quelques années, tu dépensais pas trop et tu pouvais vivre tranquille ensuite, en bricolant un peu."

30 photos du Quercy, dont certaines peuvent être utilisées en décors lors des représentations.

Stéphane Ternoise,
Lotois depuis 1995.

Stéphane Ternoise

Scènes de campagne, scènes du Quercy

Pièce en onze tableaux

Distribution : trois hommes, deux femmes

Personnages : six hommes, quatre femmes
Le texte est réductible jusqu'à deux hommes et une femme, avec une extrême dextérité des acteurs. Néanmoins l'auteur préconise trois comédiens et deux comédiennes (H1, H2, H3, F1, F2).

Chaque tableau peut être situé grâce à la projection d'une diapo (photos ou dessins)

Homme 1, H1 :
M. Dufric : la quarantaine bedonnante – Tableau 2, T4, T5, T6, T9.
Le jeune : la trentaine – T3, T8, T10.

H2 :
L'artisan du village : la cinquantaine – T6, T7, T10.
Un vacancier, la trentaine – T11.

H3 :
Dufric-conseil : la quarantaine, le frère de M. Dufric – T2.
Le vieux : environ soixante-cinq ans – T1, T3, T8, T10.

Femme 1, F1 :
La femme de l'artisan : la cinquantaine – T7.
La vieille : son épouse, quelques années de moins – T1.

F2 :
Mme Dufric : son épouse – T2, T4, T5, T6, T9.
Une vacancière, la trentaine – T11.

Chêne dans la roche

Tableau 1

Le vieux, La vieille, devant leur gîte rural, avec un magnifique pigeonnier.

Le vieux : - Bah ! Le temps qu'elle se fasse, cette ligne, le prêt sera remboursé.
La vieille : - Je te trouve bien optimiste aujourd'hui. Quand les gens vont savoir, je te parie ce que tu veux, plus personne ne viendra.
Le vieux : - Le notaire dit que ça ne changera rien.
La vieille : - Tu crois le notaire maintenant !
Le vieux : - D'après lui, les gens vont crier et quand elle sera faîte ils n'y feront plus attention. Il y en a partout, des lignes à Haute Tension et les gens vivent quand même.
La vieille : - Ils meurent surtout de cancers. Tu ne vas pas me dire que tu les crois, quand ils nous disent que ça n'a aucun effet sur la santé.
Le vieux : - Si ça ne tenait qu'à moi ! Mais qu'est-ce qu'on peut y faire ? Ils nous tueront tous.
La vieille : - En tout cas, même le notaire, il n'était pas rassuré, au Conseil Municipal, hier soir. Avec ses huit maisons qui lui restent sur les bras.
Le vieux : - Ce serait quand même bien qu'à force d'arnaquer les gens il boive le bouillon.
La vieille : - Penses-tu ! Il a les reins solides.

C'est des millions qu'il possède, à la banque, depuis le temps qu'il achète des maisons à la moitié de leur valeur et les revend jusqu'au double.
Le vieux : - On aurait peut-être quand même mieux fait de tout vendre, plutôt que de faire ce gîte. T'imagines, toi, si personne ne vient !
La vieille : - Avec toutes les charges ! Je n'y survivrai pas !
Le vieux : - Ne t'inquiète pas pour des choses qu'on ne verra peut-être jamais.
La vieille : - Je m'inquiète, et toi tu me dis de ne pas m'inquiéter car on sera peut-être mort avant ! Qu'est-ce qu'on va laisser aux filles ? Des dettes !

Bruit d'une voiture.

La vieille : - V'la les bordelais. Ils l'ont eue pour rien, leur maison. Et en plus le toit est tout neuf.
Le vieux : - Le vieux s'est battu toute sa vie pour avoir une belle maison et ses enfants la vendent pour trois fois rien à des étrangers. Ah ! S'il avait imaginé ça !
La vieille : - C'est c'qui va nous arriver. Y'aura plus que des résidences secondaires et des chômeurs, ici.
Le vieux : - Et même pas cinquante personnes pour l'accompagner au cimetière. Un homme qui a toujours marché droit ! Ah !

Tableau 2

Monsieur et Madame Dufric devant leur nouvelle maison en pierres. Accompagnés du frère de Monsieur Dufric. Est visible : une voiture d'un modèle « français moyen voulant montrer sa réussite. »

Dufric-conseil : - Ça, vous pouvez me remercier ! Le jour où le marché va se retourner, tu vas faire une sacrée plus-value !
Mme Dufric, *en regardant son mari* : - On peut dire qu'il est avantageux d'avoir un frère dans les hautes sphères de l'E.D.F.
Dufric-conseil : - R.T.E, réseau du transport de l'électricité, ma belle-sœur préférée. Nous sommes désormais totalement indépendants de l'E.D.F., électricité de France.
M. Dufric : - Peu importe le nom, pourvu que tu nous éclaires.
Dufric-conseil : - Un jour il faudra que tu arrêtes avec cette blague ! Tout le monde ne peut pas être expert comptable !... Vous l'avez vraiment eue pour une bouchée de pain... Je regrette presque de ne pas l'avoir achetée !
M. Dufric : - Bin toi ! Tu n'en aurais pas assez des maisons !
Dufric-conseil, *très fier* : - Abondance de pierres ne saurait nuire.
Mme Dufric : - Et s'ils la font, la ligne à Très Haute Tension ?
M. Dufric : - Mais il faut être des ploucs pour craindre l'électricité.

Dufric-conseil : - J'y compte bien qu'on va la faire cette ligne ! Ce ne sont pas quelques ploucs qui vont nous détourner de notre historique mission d'irrigation du progrès dans toutes les contrées. Tout enfant qui naît en France a le droit de bénéficier de notre technologie de pointe.
Mme Dufric : - Je n'aimerais quand même pas que tu viennes me planter un poteau dans le jardin. Ce ne serait pas convenable.
Dufric-conseil : - Je te l'ai dit : le tracé définitif a été décidé en commission. Et il passe à plus de cinq cents mètres de votre nouvelle résidence de campagne. Tu ne la verras presque pas.
M. Dufric : - Je ne comprends pas pourquoi vous laissez faire tout ce remue-ménage ?
Dufric-conseil : - Le pays veut cela ! Il faut permettre aux gens de s'exprimer ! Tant qu'ils font ça, ils ne fomentent pas de révolutions ! Et ça permet à quelques petits notables locaux de se faire mousser ! Ça donne du travail aux médias ! Les français ont besoin de polémiques !
M. Dufric : - Que de temps perdu ! Il suffirait d'envoyer quelques excités en prison !
Dufric-conseil : - Mais les excités... Personne ne les verra ! Les médias influents sont naturellement de notre côté ! On leur achète suffisamment de pages de pubs ! Tu verras les articles ! Ils peuvent se réunir ! Le lendemain dans le journal, le compte-rendu

donne la parole à nos amis, aux pro-THT. De toute manière, l'opposition est tenue en main par des petits notables auxquels il suffira de remettre une petite médaille pour qu'ils retournent leur veste... De toute manière, c'est comme ça maintenant, il faut faire croire aux gens qu'ils ont leur mot à dire. La participation ! Comme s'ils y connaissaient quelque chose, ces ploucs. Tu les as déjà vus, tes voisins ?
Mme Dufric : - J'ai cru visiter un zoo ! Si tu voyais leur tenue, aucun style !
M. Dufric : - Oh celle-là, il faudra que je la replace !... Tout est décidé... Mais tu nous feras quand même donner un beau pactole pour les « nuisances », comme on dit.
Dufric-conseil, *en souriant* : - Pardi ! Les cons qui te l'ont vendue ! Si un jour ils apprennent qu'on t'a donné le prix de vente comme dédommagement des « nuisances », comme ils bavent !
M. Dufric : - T'es vraiment le roi des magouilleurs !
Dufric-conseil : - Pardi ! Puisqu'on a un budget « dédommagements », on ne va quand même pas en faire profiter ces ploucs.
M. Dufric : - Ils ne sauraient même pas quoi en faire ! Ils ont des voitures, je croyais que ça n'existait plus que dans les musées.
Mme Dufric : - Mais tu es certain que ce n'est pas dangereux, la Très Haute Tension ?

Dufric-conseil : - Tu me vois, en pleine forme !
Mme Dufric : - Mais tu ne vis pas à côté d'une ligne !
Dufric-conseil : - Tu ne vas quand même pas écouter la propagande des ennemis du progrès. Toutes les études sérieuses démontrent qu'il n'y a aucun cas où l'exposition à une ligne à Très Haute Tension peut être considérée comme la cause d'une maladie. Qu'ils viennent nous le prouver, les brailleurs. Aucun cas je te dis.
M. Dufric : - De toute manière, s'il y en avait un, il serait classé secret défense !
Dufric-conseil : - Oh ! Comment tu nous considères ! Offre-moi plutôt le champagne ! Tu sais bien que nous prenons grand soin des populations, que nous sommes au service de l'indépendance énergétique de la France... Tu as bien vu, quand il s'agissait d'essais nucléaires, on ne les réalisait pas en France.
M. Dufric : - Oui, on va trinquer à la santé de ces héritiers qui ont déserté ce petit coin de paradis... J'en deviens poète quand je vois cette verdure. Le notaire m'a dit qu'il y a même un chêne bicentenaire. Ou un marronnier. Enfin, il y a un arbre bicentenaire.
Mme Dufric : - Et il faut plus de cent ans, pour faire un arbre bicentenaire, qu'il nous a précisé !
M. Dufric : - Un homme charmant, ce notaire. Le seul que j'ai vu pour l'instant dans ce pays.

Je lui demanderai de me présenter l'américain.

Dufric-conseil : - On va trinquer au vieux qui serait dégoûté s'il savait. Il a trimé toute une vie pour que ses gosses se chamaillent et se laissent dévorer par le grand vautour ! C'est la vie !

Mme Dufric : - Je le dis toujours : quand on a des enfants, il faut absolument tout régler de son vivant, et surtout pouvoir leur transmettre à chacun une maison. Comme ça, maintenant, les enfants ont chacun leur maison pour plus tard.

Très fiers de leur réussite, ils avancent vers la porte de la maison.

Tableau 3

Devant son gîte, « Le vieux », avec « le jeune. »

Le vieux : - Ah ! Je regrette bien d'avoir fait tous ces travaux, bientôt plus personne ne viendra avec cette ligne.
Le jeune : - Je comprends maintenant, pourquoi la maison n'était pas chère ! Votre notaire m'avait affirmé « parce qu'elle est située près du cimetière, les gens souvent n'aiment pas. »
Le vieux, *en souriant* : - Ah le notaire ! Une fois qu'il peut prendre sa commission ! Si vous revendez, il sera content, ça lui en refera une !
Le jeune : - Il faut se battre. Cette ligne, si personne n'en veut, ils ne la feront pas.
Le vieux : - Vous êtes jeune ! Vous croyez qu'on peut se battre contre l'EDF ?
Le jeune : - Vous verrez, elle ne se fera pas !
Le vieux : - Je nous le souhaite. Mais vous avez vu, qui a racheté, en haut, le frère d'une grosse tête de l'EDF. Et discrètement, ils iront voir quelques agriculteurs qui pour avoir les primes signeront, laisseront implanter les poteaux. Ça se passe toujours comme ça !
Le jeune : - Pas toujours ! Personne n'en veut de cette ligne. Il faut mettre les élus devant leurs responsabilités. Je ne comprends toujours pas comment vous avez pu élire comme Conseiller Général un type pareil.

Le vieux : - Ah ! La politique ! Par ici, faut être du clan. Ils tiennent les maires, au département, avec les subventions. Le premier qui ose l'ouvrir, ils lui coupent les vannes.

Tableau 4

M. et Mme Dufric, un matin, au jardin, petit-déjeuner sous parasol.

Mme Dufric : - Je crois que je vais m'ennuyer. C'est trop calme.
M. Dufric : - Tu parles d'un calme ! Leur coq à ces ploucs m'a encore réveillé.
Mme Dufric : - Les joies de la campagne !
M. Dufric : - Mais c'est leur voiture qui descend *(il se lève pour observer)*. J'ai au moins une heure. Sa vieille est avec lui... *(il sort de scène en vitesse)*
Mme Dufric : - Mais où vas-tu comme ça, chéri ? Tu n'as pas fini ton croissant. *(silence)* Qu'est-ce qu'il lui prend ? Il ne va quand même pas téléphoner à la S.P.A. pour leur demander d'intervenir ?... Enfin, je ne lui donnerais pas tort, s'il chante comme ça chaque matin, leur coq, c'est qu'ils doivent le traiter d'une manière peu convenable. Ou alors il téléphone aux gendarmes ?... Après tout, pourquoi pas. Ce n'est pas moi qui lui donnerais tort. Je ne vois pas pourquoi on laisserait un coq chanter alors qu'on peut se prendre un P.V. pour avoir klaxonné.

M. Dufric revient. En tenue de chasse, avec son fusil.

Mme Dufric : - Mais que se passe-t-il, chéri ?

M. Dufric : - Tu n'as pas deviné ? Je t'ai connue plus perspicace. Alors, personne ne devine ?
Mme Dufric : - Oh ! Tu penses que c'est bien convenable ?
M. Dufric : - Tu ne vas quand même pas plaindre leur coq !
Mme Dufric : - Peut-être que si tu allais leur parler d'abord, ce serait plus convenable, ils le feraient peut-être taire leur coq.
M. Dufric : - T'y connais vraiment rien aux ploucs. On voit bien que tu n'as pas fait l'armée, toi. Si je vais leur parler, ils se fouteront de ma gueule et achèteront un deuxième coq. Les ploucs sont bêtes et méchants et surtout jaloux de la réussite des gens qui ont travaillé pour avoir ce qu'ils ont.
Mme Dufric : - Mais si quelqu'un te voit ?
M. Dufric : - Qui veux-tu qui me *voye* par ici ?
Mme Dufric : - Tu sais bien qu'on ne peut plus être tranquille nulle part.
M. Dufric : - De toute manière, je suis en état de légitime défense.

M. Dufric, très fier, sort un sachet d'une de ses poches et l'agite en souriant.

M. Dufric : - J'ai même pris un sachet. Tu devines pourquoi ? Ça t'évitera de devoir laver ma veste.
Mme Dufric : - Tu es vraiment le plus convenable des maris.

M. Dufric : - Ça nous fera un bon bouillon.
Mme Dufric : - Tu sais comment on fait du bouillon, toi ?
M. Dufric : - C'est toi la femme.
Mme Dufric : - J'ai toujours entendu dire que c'était avec une poule.
M. Dufric : - Si on peut le faire avec une poule, je ne vois pas pourquoi on ne le ferait pas avec un poulet.
Mme Dufric : - Tu as raison. Mais il faudra que j'achète un livre de cuisine. Je le ferai dimanche avec les enfants... Au fait... C'est un coq ou un poulet ?
M. Dufric : - Tu m'embêtes. De toute manière j'ai plus que des cartouches pour sangliers. Je crois que je vais lui butter le troupeau.
Mme Dufric : - Tu crois que ce serait convenable ?...
M. Dufric : - Ils l'ont bien cherché.
Mme Dufric : - Ce serait le coup du roi.
M. Dufric : - Ne dis pas des bêtises.
Mme Dufric : - C'est du Pagnol.
M. Dufric : - Toi et tes séries américaines ! Allez, j'y vais *(il sort)*.
Mme Dufric : - Je n'ai pas voulu répliquer. Ça n'aurait pas été convenable. Il se serait peut-être fâché. Il ne faut jamais contrarier un homme qui a un tournevis dans les mains comme disait ma grand-mère. Qui plus est un fusil ! Et je ne vais quand même pas gâcher nos vacances pour si peu. De toute manière, ça n'a jamais été son truc, la littérature. Lui

c'est les tableaux de financement. Chacun son truc. Mais enfin, ne pas connaître monsieur de Pagnol ! C'est pourtant un auteur classique, en plus un héros national, même la banque a émis un billet avec sa tête dessus, au grand Antoine de Pagnol... Dire que je l'ai appelé « mon petit prince »... (*elle sourit*) C'était y'a si longtemps !... Il aimait ça, que je l'appelle « mon petit prince ». Et il m'appelait « princesse »... Comme nous étions romantiques... Les jeunes ont tort d'avoir perdu le romantisme... Ils devraient le retrouver. Il suffit de le chercher. Comme c'est beau, le romantisme. Je devrais peut-être me remettre à lire des gros livres... Les journées passeraient plus vite... Oh non, tout ce qui s'écrit maintenant est tellement ennuyant que ça m'ennuierait encore plus...

On entend un coup de fusil. Mme Dufric sursaute.

Mme Dufric : - Oh ! J'aurais dû m'y attendre. Et pourtant, ça m'a fait sursauter. Comme ça va le faire rire (*elle rit*). Et comme les enfants vont rire... À moins que je garde tout ça pour moi ?... Ah ! Ils changent, mes enfants !... Ah ! S'ils avaient pu rester hauts comme trois pommes. Plutôt que de perdre de l'argent à faire des fusées alors que je n'irai jamais sur Mars, c'est ça qu'ils devraient inventer, des enfants qui restent enfants. Oh non ! Je crois qu'ils me lasseraient, à force. Un clone, ce serait mieux, un clone qu'on pourrait garder enfermé dans une pièce, à la cave, puisque nous avons une belle cave, pour en utiliser des morceaux quand un truc se met à déconner. Je devrais peut-être écrire un roman de science fiction. Je deviendrais riche et célèbre...

Retour de monsieur Dufric.

M. Dufric, *très chasseur triomphant* : - On peut dire qu'il n'a pas souffert. Il aurait fallu que tu *voyes* ça.
Mme Dufric : - Mais où est ton gibier ?
M. Dufric : - Va me chercher l'aspirateur. Y'a des plumes partout.
Mme Dufric : - Et tu vas le brancher où ?
M. Dufric : - J'utiliserai les piles.
Mme Dufric : - Oh chéri ! Un aspirateur à piles ! Voyons ! Ce n'est pas convenable !
M. Dufric : - Ma radio, je la branche sur le secteur mais je peux l'utiliser sur piles.
Mme Dufric : - On voit que tu n'as jamais utilisé d'aspirateur !
M. Dufric : - Il est beau le progrès ! On envoie des hommes sur Mars et on n'est pas foutu de faire fonctionner un aspirateur avec des piles.
Mme Dufric, *en souriant* : - Chéri, l'aspirateur est un appareil ménager. Tu devrais écrire au service après-vente pour leur signaler ton besoin d'appareil à piles les jours où tu vas faire un carnage chez le voisin.

M. Dufric : - Madame se croit spirituelle. Hé bien, les plumes resteront où elles sont, le vent les emportera.
Mme Dufric : - Et on mangera quoi dimanche ?
M. Dufric : - Je croyais qu'on avait rempli le congélateur.
Mme Dufric : - Pour une fois que je me proposais de cuisiner comme ma grand-mère ! Hé bien ! Tu as raté l'unique occasion ! Peut-être qu'ensuite j'aurais même fait de la confiture, puisque nous avons des arbres fruitiers.
M. Dufric : - Tu ferais mieux de me féliciter, de me demander de raconter. On aurait dit un feu d'artifice ! Tu aurais aimé voir ça ! S'il en rachète un, on ira le butter un dimanche, pour que les enfants profitent du spectacle...

Tableau 5

Le salon, un soir d'orage. Eclairé à la bougie.

Mme Dufric, *seule, debout, inquiète* : - Ce serait trop bête de mourir dans sa résidence de campagne... J'en suis certaine, il n'y a pas de paratonnerre... Et personne n'a pensé à le demander à ce notaire... (*tonnerre, elle se signe quatre fois*) Ce serait trop bête, mourir dans sa résidence de campagne où l'on s'ennuie à mourir... C'est vrai qu'on ne peut pas faire autrement que d'y venir. Ça les fait tellement rager les voisines. Pauvres femmes qui doivent rester en ville le week-end... Rester en ville le week-end, comme c'est ringard... Qu'est-ce qu'elles donneraient pour être à ma place (*tonnerre, elle sursaute*) Mais où est cet idiot ! Comme si il va voir quelque chose dans le grenier ! Le fou, il va peut-être se faire attaquer par les chauves-souris... Si seulement il pouvait se tuer en descendant de l'échelle !... Avec l'assurance-vie... Oh ! Comme je serais heureuse à Saint-Tropez... Là au moins il y a des paratonnerres...

Son mari entre...

Mme Dufric : - Oh chéri, enfin, je m'inquiétais !... (*tonnerre*)
M. Dufric : - Mauvaise nouvelle des étoiles.
Mme Dufric : - Tu as vu des étoiles.

M. Dufric : - Il pleut, il pleut, bergère.
Mme Dufric : - Mais je sais, mais je sais. Ne joue pas sur mes nerfs avec des bêtises. Tu sais comment je suis nerveuse quand je me sens en danger.
M. Dufric : - Il pleut dans le grenier.
Mme Dufric : - Mais l'orage, il va s'arrêter ?
M. Dufric : - Il pleut dans le grenier. C'est une inondation (*tonnerre*).
Mme Dufric : - Appelle les pompiers.
M. Dufric : - Mais chérie, les pompiers, c'est en cas d'incendie.
Mme Dufric : - Justement, l'eau ça leur servira.
M. Dufric, *éclate de rire* : - Oh ! Je la replacerai celle-là.
Mme Dufric : - Ne te moque pas... Emmène-moi à l'hôtel.
M. Dufric : - Tu as déjà vu un hôtel dans ce patelin ?
Mme Dufric : - Oh mon Dieu ! Si seulement on pouvait se changer les idées en regardant la télé.
M. Dufric : - Tu vois, pour les télés aussi, il faudrait des télés à piles !
Mme Dufric : - Ne te moque pas ! Ne te moque pas ! Mes nerfs vont craquer... Et qu'est-ce qu'il fait ton frère ? Il ne pourrait pas nous rebrancher ?
M. Dufric : - Il t'a déjà expliqué ! Ce n'est plus de sa responsabilité !
Mme Dufric : - C'est toujours comme ça :

c'est pas moi c'est les autres. Quel pays ! Et tu ne m'as toujours pas raconté...
M. Dufric : - Hé bien demain, tandis que je serai à la chasse, il te faudra nous trouver un artisan.
Mme Dufric : - Ah non ! Tu ne vas pas me demander de parler à ces gens-là.
M. Dufric : - Au téléphone, tu ne crains rien. Ils doivent bien avoir le téléphone, les couvreurs, dans ce pays.
Mme Dufric : - Je n'arriverai jamais à dormir.
M. Dufric : - Qu'est-ce que tu ferais sans moi !
Mme Dufric, *la réplique lui échappe* : - J'irais à Saint Tropez !

Labastide-du-Vert
Le pont rendu célèbre
Par Henri Martin

Tableau 6

Le salon, le lendemain.

Mme Dufric, *tourne en rond* : - Mais qu'est-ce qu'ils font ?... (*souriant*) Si c'était une femme j'aurais des doutes...

Entre l'artisan... M. Dufric suivra.

Mme Dufric : - Alors monsieur ?
Artisan : - Oh, on peut dire qu'il a souffert !
Mme Dufric : - Mon mari ? Qu'avez-vous fait à mon mari ?
Artisan : - Votre toit, pardi !
Mme Dufric : - Ah bien sûr !... Cet orage m'a perturbée... Rien de grave ?
Artisan : - Oh, vous avez le choix, on a toujours le choix dans la vie... Je peux vous le rafistoler pour trois fois rien... Mais au prochain orage, faudra réparer ailleurs...
M. Dufric : - Je ne comprends pas, le notaire nous a certifié qu'il était en excellent état.
Artisan : - Ah ! Si vous commencez à croire les notaires, vous êtes mal partis...
M. Dufric : - On a pourtant bien cru qu'il était honnête. Mon frère le connaît. Et il est premier adjoint au maire.
Artisan : - Oh ! Vous n'êtes pas les premiers. Je le connais bien, pardi !... Entre nous, c'est la pire des crapules. Et je suppose qu'il vous a demandé un petit pourcentage sans facture

comme il dit, pour conclure l'affaire avant qu'un riche client qui achète de nombreuses maisons dans la région, ne vienne surenchérir.
Mme Dufric : - Vous croyez qu'il nous a menés en bateau ! Oh je m'en doutais, sa main était moite.
Artisan : - Les notaires, c'est les pires des escrocs. Je ne veux pas avoir l'air de vous donner des conseils, mais quand on achète une maison, surtout à la campagne, il faut toujours faire expertiser la charpente par un professionnel. À moins bien sûr qu'on s'y connaisse... Peut-être que monsieur est un spécialiste.
Mme Dufric, *s'exclame* : - Des plans comptables !
M. Dufric : - Oh, voyons... Je m'y connais naturellement pas moins qu'un autre... Comme un homme...
Mme Dufric, *répète :* - Comme un homme !
Artisan : - Tout le monde ne peut être spécialiste en tout. Moi, en comptabilité, je laisse faire ma femme.

M. Dufric est satisfait de cette remarque.

Artisan : - La charpente c'est comme tout, il faut faire appel aux gens de métier, sinon on risque quelques déconvenues.
M. Dufric : - Vous entendez, par déconvenues ?

Artisan : - Je vais prendre une image qu'on utilise parfois dans notre profession : votre toit, c'est du gruyère.
Mme Dufric : - Oh ! Râpé !... Ah, je comprends, vous parlez des trous.
Artisan : - Vous v'la avec un toit qu'il faut remettre en état... Le plus embêtant, c'est que ce n'est pas la bonne période.
M. Dufric : - C'est-à-dire ?
Artisan : - Le printemps arrive. Et au printemps, ici, vous savez bien...
M. Dufric : - Vous n'allez pas me dire que vous fermez.
Artisan : - Naturellement non ! Fermer, nous n'en avons pas les moyens. Quand on est son propre patron, on n'a pas de congés payés. On travaille 7 jours sur 7 et on n'a pas la retraite à 55 ans. En plus au printemps, nous sommes quasiment réquisitionnés par les riches étrangers qui veulent leur résidence secondaire nickel pour l'été.
M. Dufric : - Entre voisins, je vous fais confiance, vous trouverez bien quelques jours. Vous pouvez quand même nous faire un devis ?
Artisan : - Oh ça, pas de problème, la patronne s'en chargera ce soir si vous me laissez prendre les mesures... Mais il faudra vous décider rapidement... Vous comprenez, les anglais et les hollandais payent toujours d'avance. Je suppose que vous en ferez de même ?

M. Dufric, *après avoir regardé sa femme* : - Si c'est préférable.
Artisan : - Si vous y tenez, entre voisins, entre chasseurs, de manière exceptionnelle, je ne vous facturerai pas la TVA, on s'arrangera. Mais chut, c'est entre nous. Je sais bien que quand on vient d'acheter, c'est toujours désagréable de dépenser une fortune en réparations et surtout en TVA.
M. Dufric : - Ce sera déjà ça en moins. À première vue, cette petite affaire va s'élever à combien ?
Artisan : - Oh ! Y'a du travail ! Ça on peut dire qu'il y a du travail... Et si je ne me trompe, vous devez avoir un deuxième grenier, au-dessus des chambres... Il serait peut-être préférable de vérifier son état... Enfin, je dis ça, c'est pour vous... Vous pouvez réparer le premier cette année et attendre l'année prochaine pour le suivant, en espérant que d'ici là il n'y ait pas de grosses pluies. En août, les orages sont parfois mauvais dans le coin.
Mme Dufric : - Comme hier.
Artisan : - Oh hier... Ce n'était rien ! Si vos charpentes ne sont pas réparées en août, je vous conseille de ne pas rester en dessous un soir d'orage en août !
Mme Dufric : - Vous croyez que l'autre aussi ?...
Artisan : - Je ne l'ai pas vu, mais croyez-en mon expérience : quand la toiture est mauvaise au sud, elle est rarement dans un

meilleur état au nord. Je dis ça, c'est pour vous. Parce que les toits, si ça commence à prendre l'eau, on en voit, des maisons, s'effondrer comme des châteaux de sable.
Mme Dufric : - Oh !

Tableau 7

Chez l'artisan, salon en pierres apparentes. Tout confort. L'artisan vautré dans un canapé cuir.

Artisan : - Il va le sentir passer, le parisien !
Sa femme : - Je croyais qu'il était bordelais.
Artisan : - C'est quoi la différence ?! Tu sais pas que la semaine dernière il a buté le dindon et les canards du vieux.
Sa femme : - Au fait, oui ! Mathilde me l'a raconté hier matin.
Artisan : - Tu diras, c'est bien fait pour sa gueule aussi à ce vieux singe. Avec des balles pour sangliers, il a pas chipoté le con. Qu'ils se tuent entre eux et on sera bien débarrassé.
Sa femme : - Et tu vas lui faire ses travaux ?
Artisan : - Des travaux comme ça ! J'en veux bien tous les jours ! Il a une tuile fendue (*il se tape sur les fesses puis boit cul sec un Ricard*) ! Une tuile fendue et un peu d'eau s'est infiltrée, sa latte, pardi, a fini par casser ; et tout le reste est nickel ! Je vais lui changer ses deux toitures !
Sa femme : - Oh ! S'il s'en aperçoit !
Artisan : - S'en apercevoir ! Un bureaucrate qui n'a jamais vu un toit ailleurs que sur photos. Et de toute manière, il paiera d'avance ! Et en liquide.
Sa femme : - Tu vas lui changer toutes les boiseries.

Artisan : - Hé pardi ! J'aime le travail consciencieux ! Je suis un bon français ! Je lui échangerai sa toiture avec celle de l'amerloque. Ils seront tous les deux contents et ça nous fera de quoi terminer la maison du fiston.
Sa femme : - Laquelle ?
Artisan : - Bin pardi ! La grande.
Sa femme : - Ils sont cons ces gens des villes, mais comment on s'en sortirait sans eux !
Artisan : - On s'en sortirait mieux si l'Etat ne nous rackettait pas ! Cette TVA, ces taxes, ces assurances.
Sa femme : - On aurait peut-être dû l'acheter, cette maison.
Artisan : - Tu n'y connais vraiment rien aux affaires. Quand la ligne à Haute Tension y sera, ils vont tous revendre, et on les aura au prix du ciment.
Sa femme : - Tu crois vraiment qu'ils vont la faire cette ligne.
Artisan : - Et pourquoi ils ne la feraient pas ?
Sa femme : - Les manifestations.
Artisan : - Les manifestations ! Mais t'y connais vraiment rien ! 5000 pecnots à Cahors. On est 100 fois plus le 1er mai.
Sa femme : - Ne compare pas Cahors et Paris... Et n'exagère pas !
Artisan : - Quoi ? J'exagère maintenant !... Mais tu me cherches, toi, ce soir !... Tu vas quand même pas te mettre à croire ces journaleux. Je te dis qu'on était au moins

500 000. Vivement qu'on soit au pouvoir, et ils comprendront, tous ces gratte-papiers.
Sa femme : - Ne t'énerve pas.
Artisan : - Un million. Un million qu'on sera cette année. Et là ils seront bien forcés de nous le donner, le pouvoir.
Sa femme : - Il y a quand même des élections.
Artisan : - Qui te dit que c'est pas notre tour cette fois, et tu vas voir, tous ces cols blancs payés à glander. Tu sais pas que c'est un cadre, l'autre aveugle... Il faut que je réclame maintenant... Où tu as les yeux (*il tend son verre, sa femme se précipite sur la bouteille pour lui verser un nouvel apéritif... Il a le sourire du mâle triomphant*).

Moissonneuse batteuse

Tableau 8

Devant son gîte, « le vieux », avec « le jeune. »

Le vieux : - Je vous le dis comme ça, entre nous... À la mairie, ils ne sont pas contents... Vous devinez pourquoi ?
Le jeune : - Parce que je n'ai pas planté de fleurs ?
Le vieux : - Vous êtes la seule maison où il n'y avait personne à l'enterrement du notaire. Même les bordelais et les américains y étaient.
Le jeune : - En quoi ça regarde le Conseil Municipal ?
Le vieux : - Si un jour vous demandez un bout de terrain, ce sera niet !
Le jeune : - C'est entre Dieu et moi !... Je n'allais quand même pas me déplacer pour un notaire qui a essayé de m'arnaquer !
Le vieux : - Oh ça ! Vous n'êtes pas le seul mais il était premier adjoint et sa fille le remplacera.
Le jeune : - Ce n'est pas à l'honneur de la municipalité ! Et de toute manière aucune des catégories ne me convenait !
Le vieux : - Des catégories ?
Le jeune : - La première, la plus restreinte, sa fille et pas grand monde, qui semblaient réellement meurtris, la seconde, un peu plus nombreuse, avec ceux qui s'inventaient du

chagrin pour bien le montrer, et la troisième, où l'immense majorité ne se cachait pas d'être là uniquement pour qu'on ne puisse pas dire qu'ils n'y étaient pas !
Le vieux : - C'est toujours comme ça.
Le jeune : - Gamin j'étais enfant de cœur, aujourd'hui j'aperçois la place du cimetière de chez moi. Les générations passent, le rapport à la mort des voisins demeure.
Le vieux : - Sa fille a dit des choses qui ne se disent pas.
Le jeune : - C'est entre nous.
Le vieux : - Faites attention à votre chat.
Le jeune : - Pauvre fille ! Si elle savait ! La majorité de ceux qui ont écrit leur nom dans le carnet de condoléances méprisaient son père !
Le vieux : - Oh ça, on peut dire qu'il n'était pas apprécié. Pourtant il n'y avait jamais eu autant de monde pour un enterrement.
Le jeune : - Vous y croyez, vous, qu'il est mort d'un coup de sabot ?
Le vieux : - Ah ça ! Avec le Conseiller Général, ce n'était pas la première chose pas claire qu'ils faisaient, ce centre équestre.
Le jeune : - C'est pas à son âge qu'on commence à faire du cheval.
Le vieux : - La vérité, on ne la connaîtra jamais.
Le jeune : - Encore une bonne affaire pour les veillées du soir !

Le vieux : - Ah ! J'aimerais bien les revoir les veillées. Mais un à un les vieux disparaissent.
Le jeune : - Et les jeunes ne deviennent pas tous vieux !
Le vieux : - C'est inquiétant quand les enfants meurent quelques années après leurs parents. Le notaire est hors catégorie mais vous avez remarqué comme moi, les trois derniers n'ont pas dépassé 75 alors que leurs parents avaient plus de 90.
Le jeune : - Tchernobyl, nitrates, pesticides et autres pollutions. Tout nous retombe dessus. Et notre organisme n'est pas fait pour supporter longtemps un pareil cocktail.
Le vieux : - Ils nous tueront tous.
Le jeune : - Ils se tuent aussi ! Assassins et idiots !

Tableau 9

M. et Mme Dufric devant leur maison.

Mme Dufric : - Ah non, je n'entre pas.
M. Dufric : - Bah ! Tu devrais être habituée. Ce n'est que la troisième fois !...
Mme Dufric : - Si ça te rend philosophe, tant mieux pour toi. Mais moi, non, c'est fini. Cette porte fracturée, je vais la revoir tous les jours dans mes cauchemars. Ramène-moi chez nous.
M. Dufric : - On ne va quand même pas se laisser impressionner. Les journaux ont beau parler des jeunes de Toulouse ou Montauban qui se font des petites virées, visitent les résidences secondaires, je n'y crois pas.
Mme Dufric : - Tu as des soupçons ? Tu as relevé des indices ?
M. Dufric : - Pour te le dire plus clairement, ils n'ont pas besoin d'autoroutes nos cambrioleurs ! Ça ne m'étonnerait pas que ce soit des gens d'ici.
Mme Dufric : - Oh ! Tu crois ! Je ne comprends pas pourquoi ils ne nous aiment pas !
M. Dufric : - Les ploucs sont idiots et méchants.
Mme Dufric : - On devrait revendre et acheter à la mer. Y'a même pas la mer ici.
M. Dufric : - Tu le savais avant. En attendant, je vais quand même téléphoner aux

gendarmes. Et je vais leur parler de mes soupçons.
Mme Dufric : - Tu crois qu'ils vont t'écouter ?
M. Dufric : - Hé pourquoi ils ne m'écouteraient pas ! Et s'ils ne m'écoutent pas, je mènerai l'enquête à ma manière, avec le frangin.
Mme Dufric : - Oh lui !
M. Dufric : - On aurait pu faire carrière dans la police, lui et moi. Mais ça ne paye pas et on n'a même plus le droit de tirer !

Il prend son portable...

M. Dufric : - Quel pays d'attardés ! Ça ne passe toujours pas. J'ai pourtant écrit à la mairie pour leur signifier expressément que le portable m'est indispensable.
Mme Dufric : - Cette maison ne nous sert à rien. Les enfants ne veulent plus venir.
M. Dufric : - Avec tout ce qu'elle nous a coûté, il faut quand même qu'on en profite. Je te le dis, on ne va pas se laisser intimider.
Mme Dufric : - Il s'est bien foutu de nous, le notaire. Et ton frère aussi !

M. Dufric se retourne, rentre dans la maison.

Mme Dufric : - Alors qu'on venait ici pour se faire des amis, qu'on est arrivé avec les meilleures intentions du monde, ces ploucs sont vraiment des gens méchants... Tout ça parce qu'on est riche. Mais on ne l'a pas volé, notre argent. Qu'ils travaillent plutôt que de nous jalouser.

Pigeons synchronisés

Tableau 10

Devant son gîte, « le vieux », avec « le jeune. » Quelques années plus tard.

Le vieux : - Quand j'étais jeune, à la pelle, qu'on en ramassait, des écrevisses. Des malines aussi. On appelait ça des malines, des petits poissons d'une dizaine de centimètres.
Le jeune : - Il aurait pourtant suffi d'interdire les engrais et les pesticides le long du ruisseau.
Le vieux : - Que voulez-vous ! Ils ont tout détruit. Les agriculteurs étaient majoritaires au Conseil Municipal.
Le jeune : - Et le fils du maire a succédé au maire !
Le vieux : - Il n'est pas pire que les autres ! Plus les fermes grossissent, plus ils détruisent. C'est facile de ne pas se tromper : au recensement de 1970, il y avait 70 fermes au village. Il en reste 4.
Le jeune : - Les 4 gagnants du pactole. Et un jour ils obtiendront des subventions pour ne plus polluer.
Le vieux : - Des subventions pour polluer, des subventions pour ne plus polluer, ça fait deux fois des subventions.
Le jeune : - Et les subventions pour faire semblant de dépolluer, leurs fils les obtiendront ! Et pour arrondir leur pactole, il leur suffit de vendre quelques mètres carrés

en terrain à bâtir. Ils ont eu les terres pour trois fois rien avec leur Crédit Agricole et leur Safer, et maintenant ils sont les rois des campagnes.
Le vieux : - J'aurais bien voulu acheter quelques hectares autour de chez moi, le vieux était d'accord pour me les vendre mais la Safer est intervenue et il les a vendus moitié prix. Ecraser les petits, permettre aux gros de grossir. Une mafia. Et maintenant, les pesticides, c'est pour ma poire.
Le jeune : - Les agriculteurs sont devenus des industriels, vous allez voir, le prix des céréales, des fruits, du lait, ça va flamber. Vendre en gagnant peu durant quelques années pour éliminer la concurrence et ensuite imposer ses prix, le piège était évident et les politiques ont approuvé pour être tranquilles.
Le vieux : - Et qui c'est qui doit toujours payer !
Le jeune : - Si ça continue, on sera tous imposables à l'Impôt sur la Fortune !
Le vieux : - Ah ! Depuis qu'ils ont abandonné leur projet de ligne, les gens sont fous ! Ils veulent tous leur résidence secondaire ici.

Arrive l'artisan.

Artisan : - Alors, les retraités !
Le vieux : - Tu viens voir si les nouveaux propriétaires veulent refaire leur toiture ?
(*l'artisan serre les mains*)

Artisan : - Depuis qu'ils ont vendu, les bordelais, tu ressors tes bêtes !
Le vieux : - C'est moi qui ai le plus eu à m'en plaindre.
Artisan : - Ah ! Si j'avais étouffé ma femme au lieu de l'écouter, on ne les aurait jamais vus par ici, ces bordelais. Je voulais l'acheter, elle m'avait répondu « *t'arriveras jamais à la revendre.* » Avec un coup comme ça, j'aurais pu arrêter de travailler, maintenant va falloir que je trime jusqu'à 70 ans.
Le vieux : - On ne fait pas toujours c'qu'on veut dans la vie.
Artisan : - Avoir travaillé toute une vie, droit, honnête et voir son fils fumer du shit, comme il dit, du matin au soir, même à mon pire ennemi, je ne le souhaiterais pas.
Le vieux : - On ne fait pas toujours c'qu'on veut dans la vie.
Artisan : - J'vais voir c'qui veulent, ces hollandais (*l'artisan part*).
Le vieux : - Eh pardi ! Son fils a toujours eu tellement d'argent devant les yeux, qu'un jour il s'est acheté de la drogue ! Vous le connaissez ?
Le jeune : - C'est la première fois depuis que je suis ici, qu'il me dit bonjour, votre artisan. Et encore, un bonjour guère cordial ! Au début, deux fois je lui ai fait signe, il m'a regardé comme si j'étais une BDV, une bouse de vache ! Je ne savais même pas qu'il avait un fils.

Le vieux : - De toute manière, ces gens-là, je ne vous les conseille pas, ils ne peuvent qu'attirer des ennuis. Si vous arrivez à vous débrouiller tout seul pour faire vos travaux, c'est encore la meilleure solution. Une fortune qu'il lui a volé, à ce bordelais. Et vous savez que je ne l'ai jamais aimé.

Le jeune : - Quand vous me disiez, ça doit être le jeune du Pech qui les a cambriolés, pour s'acheter de la drogue, c'était de son fils que vous parliez ?

Le vieux : - Mais chut, c'était entre nous. Il paraît que les gendarmes ont retrouvé ses empreintes, alors son père a dit qu'il était venu l'aider pour réparer la toiture. Mais tant qu'il n'aura pas ruiné ses parents, il ne travaillera pas celui-là.

Le jeune : - Le père a passé sa vie à arnaquer les gens et il vivra assez vieux pour voir son fils tout dilapider, c'est assez moral !

Tableau 11

Assis presque face à face, l'homme regarde le gîte, la femme la vallée (le public donc).

La vacancière : - Y'a même pas dix ans, ici, pour une bouchée de pain, t'avais une maison, des belles pierres à rénover. Pas un château, pas une superbe propriété avec piscine mais quelque chose d'habitable. Y'avait des centaines de coins comme ça en France. Mes parents s'achetaient des grosses voitures qui valaient plus que ces maisons et maintenant ils se plaignent de toujours être en location et de vivre en ville. Et nous, on rêve devant des murs qu'on ne pourra jamais se payer.

Le vacancier : - On s'est rencontré trop tard.

La vacancière : - Avant, il était possible de vivre vraiment, en France. Tu travaillais quelques années, tu dépensais pas trop et tu pouvais vivre tranquille ensuite, en bricolant un peu.

Le vacancier : - C'est fini tout ça.

La vacancière : - J'en suis certaine, tout ça, ce n'est pas du hasard. Ça les emmerdait, les friqués, les du-gouvernement, qu'on puisse vivre autrement qu'eux. Alors ils ont tout fait pour que les étrangers achètent en France. Comme ça, l'immobilier a flambé et maintenant, même pour acheter une ruine, il faut être totalement intégré, salarié avec

patte blanche pour plaire au banquier qui te tiendra des décennies.
Le vacancier : - On s'est laissé piéger.
La vacancière : - Y'a plus qu'une chose qui puisse nous sauver, c'est malheureux mais c'est comme ça : la grippe aviaire, avec des millions de morts. Et alors les maisons durant quelques années se revendront pour trois fois rien.
Le vacancier : - Je préfère encore vivre dans une caravane que prendre le risque d'une grippe aviaire ! Tu vas voir, dans quelques années, on sera des millions à vivre dans des caravanes, dans ce pays.
La vacancière : - Mais ça ne change rien au cycle historique : il y a toujours eu accumulation par une minorité et « la civilisation », comme ils disent dans les livres, s'effondrait. La guerre ou la peste venait remettre les compteurs à zéro et les survivants recommençaient. Nous aurons encore des guerres, nous aurons encore des pestes, la grippe aviaire n'est qu'une forme de peste, la seule différence, c'est le nucléaire. La prochaine fois, les survivants ne seront peut-être plus en état de recommencer.
Le vacancier : - Tu arrives à vivre, avec autant d'idées noires dans ta tête ?
La vacancière : - J'essaye de comprendre le monde. Comprendre avant d'agir.

Le vacancier : - Ou alors, ces résidences secondaires, si on revenait en septembre les squatter ?
La vacancière : - Mais oui ! Mais tu viens d'avoir l'idée du siècle ! Demain on ouvre un site internet pour lancer le mouvement des squatters de résidences secondaires (*de plus en plus enthousiaste*) et ils ne pourront rien faire contre nous car on leur montrera qu'il est mensonger de prétendre qu'il manque un million de logements en France. C'est juste qu'un million de logements sont fermés et que les clés sont dans des poches de friqués. Donc il faut passer par les fenêtres.
Le vacancier : - Attends, c'était juste pour dire de causer. Je suis bien dans une caravane, moi ! Mon père a voulu la faire, la révolution, tu as vu où ça l'a mené ?
La vacancière : - Mes parents l'on vécue, la vie de merde bien tranquille, tu as vu où ça les a menés !

Rideau - Fin

Photos du Quercy

J'ai choisi de vivre dans la région où se déroule cette pièce de théâtre, le Quercy. Pour son climat, sa beauté et ses prix alors abordables. Je n'avais pas 30 ans et seulement en poche le "pactole" d'un accord transactionnel. Ce fut donc une maison à restaurer !

J'aime cette région, la photographie de plus en plus, avec régulièrement la sensation de capter l'éphémère, le voué à disparaître. La beauté s'éclipse souvent quand plus personne n'y accorde la moindre attention. Et des décennies plus tard, certains se demandent comment un tel saccage légal fut possible. Malheureusement, aucune leçon du passé ne permet d'éviter de nouvelles destructions.

Des photos du Quercy témoignent du cadre de vie. Aucun lien réel entre les propriétaires des bâtiments présentés, sélectionnés pour leur représentativité architecturale, et les personnages.

Les livres numériques sont commercialisés avec 30 photos, en couleur, en noir et blanc dans ceux en papier... afin de maintenir un tarif bas (l'écrit constituant l'essentiel des pages). Mais 16 autres sont alors ajoutées... Pour les représentations, il vous est possible

d'obtenir des formats originaux, en couleur ou noir et blanc, celles-ci ou des œuvres découvertes dans d'autres documents ou sur ma galerie :
http://www.photographe.gallery

Stéphane Ternoise

Stéphane Ternoise est né en 1968. Il publie depuis 1991. Il est depuis son premier livre éditeur indépendant.

Dès 2004, il a proposé des livres numériques, en PDF. Mais c'est en 2011 seulement que les ventes dématérialisées ont démarré. Son catalogue numérique (depuis mi 2011 distribué par Immateriel) a ainsi rapidement dépassé celui du papier, grâce à des essais, des livres de photos... tout en continuant la lente écriture dans les domaines du théâtre et du roman. Depuis octobre 2013, et son « identifiant fiscal aux États-Unis », son catalogue papier tend à rattraper celui en pixels.
http://www.livrepapier.com ou
http://www.livrepixels.com

Il convient donc, de nouveau, d'aborder l'auteur sous le biais de l'œuvre. Ainsi, pour vous y retrouver, http://www.ecrivain.pro essaye de fournir une vue globale. Et chaque domaine bénéficie de sites au nom approprié :
http://www.romancier.net
http://www.dramaturge.net
http://www.essayiste.net

http://www.lotois.fr

Vous pouvez légitimement vous demander pourquoi un auteur avec un tel catalogue ne bénéficie d'aucune visibilité dans les médias traditionnels. L'écriture est une chose, se faire des amis utiles une autre !

Catalogue (le plus souvent en papier et numérique, parfois uniquement les pixels, le travail de mise en page papier demandant plus de temps que d'heures disponibles)

Romans : (http://www.romancier.net)
Le Roman de la révolution numérique.
Ils ne sont pas intervenus (le livre des conséquences) également en version numérique sous le titre *Peut-être un roman autobiographique*
La Faute à Souchon ? également sous le titre *Le roman du show-biz et de la sagesse (Même les dolmens se brisent)*
Liberté, j'ignorais tant de Toi également sous le titre *Libertés d'avant l'an 2000)*
Viré, viré, viré, même viré du Rmi
Quand les familles sans toit sont entrées dans les maisons fermées

Théâtre : (http://www.theatre.wf)
Théâtre pour femmes
Théâtre peut-être complet
La baguette magique et les philosophes
Quatre ou cinq femmes attendent la star
Avant les élections présidentielles
Les secrets de maître Pierre, notaire de campagne
Deux sœurs et un contrôle fiscal
Ça magouille aux assurances
Pourquoi est-il venu ?
Amour, sud et chansons
Blaise Pascal serait webmaster
Aventures d'écrivains régionaux
Trois femmes et un amour
La fille aux 200 doudous et autres pièces de théâtre pour enfants
« *Révélations* » *sur* « *les apparitions d'Astaffort* » *Brel / Cabrel (les secrets de la grotte Mariette)*

Photos : (http://www.france.wf)
Montcuq, le village lotois
Cahors, des pierres et des hommes. *Photos et commentaires*
Limogne-en-Quercy Calvignac la route des dolmens et gariottes
Saint-Cirq-Lapopie, le plus beau village de France ?
Saillac village du Lot
Limogne-en-Quercy cinq monuments historiques cinq dolmens
Beauregard, Dolmens Gariottes Château de Marsa et autres merveilles lotoises
Villeneuve-sur-Lot, des monuments historiques, un salon du livre... *-Photos, histoires et opinions*
Henri Martin du musée Henri-Martin de Cahors - Avec visite de Labastide-du-Vert et Saint-Cirq-Lapopie sur les traces du peintre
L'église romane de Rouillac à Montcuq et sa voisine oubliée, à découvrir - Les fresques de Rouillac, Touffailles et Saint-Félix

Livres d'artiste (http://www.quercy.pro)
Quercy : l'harmonie du hasard
Lot, livre d'art
Jésus, du Quercy
Les pommes de décembre
La beauté des éoliennes

Essais : (http://www.essayiste.net)
Le manifeste de l'auto-édition - *Manifeste politico-littéraire pour la reconnaissance des écrivains indépendants et une saine concurrence entre les différentes formes d'édition*
Écrivains, réveillez-vous ? - *La loi 2012-287 du 1er mars 2012 et autres somnifères*
Le livre numérique, fils de l'auto-édition
Aurélie Filippetti, Antoine Gallimard et les subventions contre l'auto-édition - *Les coulisses de l'édition française révélées aux lectrices, lecteurs et jeunes écrivains*

Réponses à monsieur Frédéric Beigbeder au sujet du Livre Numérique (Écrivains= moutons tondus ?)
Comment devenir écrivain ? Être écrivain ? (Écrire est-ce un vrai métier ? Une vocation ? Quelle formation ?...)
Amour - état du sentiment et perspectives
Le guide de l'auto-édition numérique en France
 (Publier et vendre des ebooks en autopublication)
Copie privée, droit de prêt en bibliothèque : vous payez, nous ne touchons pas un centime - Quand la France organise la marginalisation des écrivains indépendants

Chansons : (http://www.parolier.info)
Chansons trop éloignées des normes industrielles
Chansons vertes et autres textes engagés
Chansons d'avant l'an 2000
Parodies de chansons - De Renaud à Cabrel En passant par Cloclo et Jacques Brel

En chti : (http://www.chti.es)
Canchons et cafougnettes (Ternoise chti)
Elle tiote aux deux chints doudous (théâtre)

Politique : (http://www.commentaire.info)
Ce François Hollande qui peut encore gagner le 6 mai 2012 ne le mérite pas
Nicolas Sarkozy : sketchs et Parodies de chansons
Bernadette et Jacques Chirac vus du Lot - Chansons théâtre textes lotois
Affaire Ségolène Royal - Olivier Falorni Ce qu'il faut en retenir pour l'Histoire - Un écrivain engagé, un observateur indépendant
François Fillon, persuadé qu'il aurait battu François Hollande en 2012, qu'il le battra en 2017

Notre vie (http://www.morts.info)
La trahison des morts : les concessions à perpétuité discrètement récupérées - Cahors, à l'ombre des remparts médiévaux, les vieux morts doivent laisser la place aux jeunes...
Cahors : Adèle et Marie Borie contre Jean-Marc Vayssouze-Faure - Appel à une mobilisation locale et nationale pour sauver les soeurs Borie...

Jeux de société
http://www.lejeudespistescyclables.com
La France des pistes cyclables - Fabriquer un jeu de société pour enfants de 8 à 108 ans
Le bon chemin pour Saint-Jacques-de-Compostelle

Autres :
La disparition du père Noël et autres contes
J'écris aussi des sketchs
Vive les poules municipales... et les poulets municipaux - Réduire le volume des déchets alimentaires et manger des oeufs de qualité

Œuvres traduites :
La fille aux 200 doudous :
- *The Teddy (Bear) Whisperer* (Kate-Marie Glover) - Das Mädchen mit den 200 Schmusetieren (Jeanne Meurtin)
- Le lion l'autruche et le renard :
- How the fox got his cunning (Kate-Marie Glover)

- Mertilou prépare l'été :
- The Blackbird's Secret (Kate-Marie Glover)

- *La fille aux 200 doudous et autres pièces de théâtre pour enfants (les 6 pièces)*
- La niña de los 200 peluches y otras obras de teatro para niños (María del Carmen Pulido Cortijo)

Vire-sur-Lot

Table

11	Scènes de campagne, scènes du Quercy
15	Tableau 1
17	Tableau 2
23	Tableau 3
25	Tableau 4
31	Tableau 5
35	Tableau 6
41	Tableau 7
45	Tableau 8
49	Tableau 9
53	Tableau 10
57	Tableau 11
61	Photos du Quercy
92	Stéphane Ternoise

Mentions légales

Tous droits de traduction, de reproduction, d'utilisation, d'interprétation et d'adaptation réservés pour tous pays, pour toutes planètes, pour tous univers.

Avant toute représentation, vous devez contacter l'auteur pour la demande d'autorisation.

Vous souhaitez jouer une pièce de l'auteur ?
http://www.ternoise.fr

Dépôt légal à la publication au format ebook du 27 décembre 2012.

Imprimé par CreateSpace, An Amazon.com Company pour le compte de l'auteur-éditeur indépendant.
livrepapier.com

ISBN 978-2-36541-550-7
EAN 9782365415507
Scènes de campagne, scènes du Quercy - Pièce de théâtre en onze tableaux avec six hommes et quatre femmes, distribution minimale 3H2F de **Stéphane Ternoise**
© Jean-Luc PETIT - BP 17 - 46800 Montcuq - France

www.ingramcontent.com/pod-product-compliance
Lightning Source LLC
Chambersburg PA
CBHW071724040426
42446CB00011B/2205